Hier höre ich lieber auf zu denken

*Betreuung Schwerstkranker
und Sterbender*

1994-2008

Gundi Berger

Verlag Poppen & Ortmann, Freiburg i. Br.

Verlag und Druck: Poppen & Ortmann Druckerei und Verlag KG
Unterwerkstr. 9, 79115 Freiburg, 1. Auflage, 2008
Für den Inhalt verantwortlich: Gundi Berger, Freiburg

Inhalt

Vorwort

Hospiz - lat. *hospitium*: Die Geschichte des Hospizes reicht weit bis ins Mittelalter zurück. Das Hospital - die Herberge - bot Pilgern, Fremden, Bedürftigen, Kranken und Sterbenden Unterkunft und Schutz. Meist wurden die Hospize von Kirchen oder Klöstern betreut.

Die Hospizbewegung in der heutigen Form entstand in den 60er Jahren in England.*

Stationäre Hospize sind kleine Heime, welche sich der Sterbenden annehmen, die austherapiert sind und absolut keine Chance auf Heilung mehr haben. (Menschen, die sich bereits in Pflegeheimen befinden, können aus kassenrechtlichen Gründen nicht im Hospiz aufgenommen werden.) Die durchschnittliche Verweildauer der Gäste - so bezeichnet man hier die Sterbenden - beträgt 28 Tage.

In diesen Häusern werden keinerlei lebensverlängernde Maßnahmen ergriffen. Schmerzfreiheit und Lebensqualität sind das Ziel; Friede, Ruhe, und liebevolle Betreuung oberstes Gebot. Wenn die Gäste Wünsche äußern, sei es in Bezug auf Nahrung, Gestaltung des Zimmers, oder sei es, dass Angehörige bei ihnen übernachten, so werden diese nach Möglichkeit erfüllt.

Die <u>ambulante</u> Hospizgruppe besucht Menschen, die um eine Betreuung bitten, in Krankenhäusern, Pflegeheimen oder zu Hause. Zu einer solchen ambulanten Gruppe gehöre ich. Bei uns in Freiburg gibt es insgesamt sechs Hospizgruppen zu je sieben bis zehn Frauen und Männern, die durch ein Hospizbüro koordiniert werden.

In den folgenden Kapiteln habe ich Situationen aus meiner Hospiztätigkeit geschildert, ursprünglich in der Absicht, in der Supervisionsgruppe immer wieder auftauchende Fragen derjenigen, die mit der Hospizbegleitung begonnen haben und wissen wollen, welchen Situationen man in der Hospiztätigkeit begegnen kann, zu beantworten. Das unerwartete Echo bei Freunden und Bekannten auf meine Berichte hat dazu geführt, dass daraus nun ein kleines Buch geworden ist.

* Von der Hospizbewegung deutlich zu unterscheiden ist die 1995 gegründete Deutsche Hospiz Stiftung. Diese kümmert sich als Patientenschutzorganisation um die rechtlichen Interessen Schwerstkranker und Sterbender.

1994: Mein erster Einsatz

„Können Sie eine Begleitung auf der Intensiv-station der Frauenklinik übernehmen?" Diesen Anruf habe ich herbeigesehnt und mich gleichzeitig davor gefürchtet. Mein erster Einsatz! Ich bin noch nie auf einer Intensivstation gewesen. Etwas zögerlich gehe ich hin und stelle mich bei einer Schwester vor „Ich komme von der Hospizgruppe um eine Begleitung bei Frau X zu übernehmen." Sofort öffnen sich mir alle Türen. „Schön, dass Sie da sind, am Ende des Ganges bei der Glastür finden Sie die Station." - Eintritt Unbefugten untersagt - oder so etwas Ähn-liches steht da. Also zurück zur Schwester. *„Das ist schon in Ordnung, gehen Sie nur rein, dort wird Ihnen weitergeholfen."* Wenn sie wüsste, dass ich meinen ersten Einsatz habe! Weder Mundschutz noch Überschuhe werden verlangt, nichts entspricht der Vorstellung, die ich hatte. Also gehe ich durch die Tür, suche eine Schwester und werde ohne weitere Informationen zu bekommen zu meiner Patientin geführt.

Ich komme in einen Raum, in dem viele Intensiv-pflegebetten stehen, alle Menschen sind an Schläuche angeschlossen, überall hängen Urinbeutel und Sauerstoffmasken, es piept und tickt und blub-bert an sämtlichen Geräten, diese Atmosphäre kenne ich bisher nur aus Filmen. Da stehe ich nun vor einer wildfremden kranken Frau die kaum sprechen kann oder kaum zu verstehen ist und fühle mich ziemlich hilflos. Auch sie ist an diversen Schläuchen angehängt und bekommt Sauerstoff über Stöpsel in der Nase zugeführt, um überhaupt atmen zu können. Auch das habe ich bisher so noch nie gesehen. Ich nehme mir einen Stuhl ans Bett der Patientin. Es ist ein bisschen wie ein Wunder, mein erster Einsatz und doch habe ich nach kurzer Zeit das Gefühl als sei es ganz normal, an diesem Bett zu sitzen und akzeptiert zu werden. Ich verliere das Zeitgefühl und breche irgendwann wieder auf.

Zu Hause muss ich erst einmal die vielen Eindrücke verarbeiten, alles kommt mir ein wenig unwirklich vor. Aber es erfüllt mich mit Erleichterung, Dankbarkeit und Freude, dass der Besuch so gut verlaufen ist.

Zu dieser Zeit steckte die Hospizbewegung noch in den Kinderschuhen. Die Ausbildung hat sich inzwischen wesentlich geändert, damals waren wir weitgehend auf unsere Intuition angewiesen. Diese ist natürlich immer noch sehr wichtig, jedoch bekommen die Neuen heute mehr Anhaltspunkte und Orientierungsmöglichkeiten mit auf den Weg.

Angehörige

Die Angehörigen haben Angst, mit der sterbenden Frau und Oma alleine zu sein. Hospiz wurde darum gebeten, jemanden vorbei zu schicken. Nun sitze ich bei der alten Dame, sie ist ganz ruhig, wirkt eher ein wenig heiter und ist leider nicht mehr ansprechbar. Bald darauf kommt ihr lebhafter Mann dazu, er ist sehr laut, tätschelt ihr die Hand und beginnt Witze zu erzählen und komische Situationen aus dem Leben zu berichten, über die er selbst laut lacht: *„Weißt du noch dies, weißt du noch das!"* Sicherlich spielen Unsicherheit, Angst, Traurigkeit und Verlegenheit bei seinem Verhalten eine Rolle, aber für mich ist es fast unerträglich. Zum Glück kommt bald darauf die Enkeltochter, voller Liebe der Oma zugewandt. Auch sie empfindet den Opa als zu laut und übertrieben. Wir verständigen uns sofort mit Blicken und versichern ihm, dass es in Ordnung sei, uns mit seiner Frau alleine zu lassen. Offensichtlich erleichtert über diesen Vorschlag verlässt er das Zimmer.

Zwischen der Enkeltochter und mir entwickelte sich ein sehr intensives Gespräch. Sie hat viele Fragen zu Leben und Tod und es gelingt mir, ihr meine Gedanken so zu vermitteln, dass ich selbst ganz überrascht bin. Sie ist eine interessierte Zuhörerin. Manchmal kann ich in solchen Momenten Dinge formulieren, ohne dabei nachzudenken und ich wundere mich über meine eigenen Worte. Wir merken, dass die Oma uns interessiert zuhört. Ich erkläre der Enkelin, dass im Sterben liegende Menschen fast immer bis zuletzt hören können und sie ihrer Oma noch alles erzählen kann, was ihr auf dem Herzen liegt. Dann schlage ich vor, mich zurückzuziehen. Ich habe den Eindruck, dass der richtige Zeitpunkt dafür gekommen ist. Getröstet und zuversichtlich bleibt die junge Frau mit ihrer Oma alleine.

Bestimmt konnten sie friedlich Abschied voneinander nehmen.

Nachtwache

Der Patient ist ein etwa 70jähriger Mann, hellwach und bei vollem Bewusstsein. Obgleich er Freiburger ist und hier Angehörige und Freunde hat, ist niemand bei ihm. Er weiß, dass er nur noch wenige Tage zu leben hat. Vor dem Alleinsein und der Ungewissheit, was auf ihn zukommen mag, fürchtet er sich. Voll Empörung beschreibt er seine ganze Sippe, die nur auf seinen Tod wartet; er erzählt von seinem Bruder, der ihn kaum besuchen kommt, berichtet aus seinem Leben und über seinen Ärger mit den vielen Menschen, die wenig Verständnis und keine Zeit für ihn haben.

Am meisten regt ihn die Vorstellung auf, was für eine verlogene Todesanzeige wahrscheinlich in die Zeitung kommen wird. Wir überlegen, welche Wirkung wohl eine wahrheitsgemäße Anzeige hervorrufen würde: *Endlich ist er gestorben und wir brauchen seine Anwesenheit nicht mehr zu ertragen, endlich kommen wir an sein Geld.* Auch stellen wir uns vor, was die Verwandten wohl für Augen machen würden, wenn er sein Vermögen anderweitig vererben würde. Es sind aufregende und interessante Gespräche, zum Teil auch sehr humorvoll und ein bisschen irre. Es wird immer später, der Mann spricht und spricht ohne aufhören zu wollen bis mir endlich klar wird, dass ihm davor graut, dass ich weggehe,

sobald er eine Pause einlegt. Nachdem ich ihm versichere, dass ich über Nacht bei ihm bleiben werde,
schläft er endlich ein. Für mich bringt die Schwester
eine Decke und ich schlafe auf dem Sesselchen in
seinem Zimmer. Im Laufe des nächsten Tages stirbt
er. Ich finde seine Todesanzeige in der Zeitung, da
steht es: *Meinem innig geliebten Bruder....*

Zungenkrebs

Für mich der grauenvollste Krebs, mit dem ich in all den Jahren konfrontiert werde.

Die Frau ist um die fünfzig Jahre alt, ihre schönen großen Augen schauen so verzweifelt, flehentlich, hoffnungslos und ergeben, sie kann keinen Ton mehr von sich geben. Sie wartet auf ihren Tod. Die Zunge quillt ihr aus dem Mund, darauf liegt ein befeuchtetes Läppchen. Ich schaue ihr in die Augen und kann nur meine eigene Hilflosigkeit zum Ausdruck bringen. Wir halten uns an den Händen. Könnte ich doch nur ein Rettungsanker für sie sein. Sie weiß, dass sie an ihrer Zunge ersticken wird. Was ich ihr sagen kann, klingt hohl in meinen Ohren, dennoch gibt sie mir zu verstehen, dass ich bleiben soll. Einen Menschen neben sich zu haben, wenn die Angst kommt, auch wenn er vollkommen fremd ist, ist wohl ein großer Trost. Hin und wieder befeuchte ich das Läppchen auf ihrer Zunge neu, viel mehr kann ich nicht für sie tun. Und bei ihr sein. Ihre Verzweiflung dringt in mich ein und ich fühle mich ihr sehr nahe.

Am nächsten Tag stehen ihr Ehemann und ihr Bruder vor der Tür. Die Patientin war gerade gestorben. Ich stelle mich vor und wir warten gemeinsam darauf, zur Verstorbenen ins Zimmer zu dürfen. Ich gehe mit hinein, nachdem ich mich vergewissert habe, dass es den Angehörigen recht ist. Nach wenigen Minuten wollen sich die beiden zurück in den Alltag begeben. Ich bitte sie noch ein bisschen zu bleiben und spreche von früheren Zeiten, als eine dreitägige Totenwache selbstverständlich war, von der Annahme, dass sich die Seele nicht so schnell vom Körper lösen kann und es daher gut sei, noch einige Zeit mit positiven und liebevollen Gedanken und vielleicht sogar Worten die Toten zu begleiten. Ich biete an, selber bei der Verstorbenen zu bleiben, wenn das für sie zu schwierig sein sollte, oder mit ihnen gemeinsam noch ein wenig zu wachen. Sie schauen mich vollkommen verständnislos an, das waren offensichtlich völlig neue Gedanken für sie. Aber wer kann auch erwarten, dass sie sich je mit diesem Thema befasst haben?

Sie bleiben sicherlich nicht sehr lange. Männer können solche Situationen im allgemeinen nur sehr schwer ertragen und scheuen sich vor einer Auseinandersetzung mit ihren Gefühlen. Niedergeschlagen gehe ich nach Hause.

Junge Frau aus dem Rheinland

Sie stammt aus dem Rheinland, ist Computer-expertin, jung, voll im Leben stehend, als sie die Diagnose Krebs erhält. Die Patientin hat sich für die Tumorklinik in Freiburg entschieden, ohne dabei zu bedenken, wie einsam sie hier sein würde und wie wichtig es in solch einer Situation ist, Menschen um sich zu haben, die man gut kennt und liebt, die einem nahe stehen.

Für mich (60) ist die Situation schwierig, junge Menschen leben in einem völlig anderen Zeitgeist, eine Annäherung empfinde ich oft als problematisch. Sie berichtet über ihre Arbeit, ich verstehe sehr wenig davon, die Fachausdrücke sind mir vollkommen fremd. Wir sprechen kurz darüber, wie schwer Einsam-keit zu ertragen ist: ein mühsames Kennenlernen. Als ich gehe und frage, ob es ihr recht sei, wenn ich mor-gen wiederkäme, hoffe ich insgeheim, sie würde nein sagen, aber sie sagt *„Ja - auf jeden Fall."*

Der zweite Besuch läuft besser, aber ein gutes Gespräch entwickelte sich nicht. Am kommenden Tag soll sie entlassen werden. Ich bin irgendwie erleichtert. Wir verabschieden uns. Sie wird zur Weiterbehand-lung nicht mehr nach Freiburg in die *Tubi* [Tumorbiologie] kommen.

Am nächsten Morgen ruft sie völlig verzweifelt an, die Werte seien so schlecht, sie müsse doch länger bleiben und ob ich kommen könne. Mir begegnet ein Häufchen Elend, am Ende ihrer Kraft und ihrer Nerven. Ich setze mich zu ihr - was soll ich da sagen? Ich lege meine Hand auf ihr Bett, sie ergreift sie und weint und weint und kann gar nicht mehr aufhören. Diese selbstbewusste Frau ist nur noch ein hilfloser, verzweifelter Mensch. Wie dankbar bin ich, dass wir uns schon ein wenig kennen und ich in dieser Situation bei ihr sein darf. Bald geht es ihr besser und sofort liegt diese Fremdheit wieder zwischen uns.

Sie bittet mich bei meinem eigentlich letzten Besuch, ob ich nicht noch mal kommen könne, um ihr beim Packen zu helfen. Die paar Sachen, denke ich, sind doch gleich verstaut. Irrtum, es sind zwei Koffer, jede Menge Kleider und Wäsche, jedes Teil muss in einer bestimmten Form ganz genau gefaltet an einen vorgegebenen Platz in den Koffer gelegt werden. Ich bemühe mich, alles richtig zu machen und den Anforderungen zu genügen, was nicht einfach ist; auch benötigt sie zwischendurch immer wieder Ruhezeiten. Endlich ist alles in Ordnung. Kein Wunder, dass wir nicht zusammen passen.

Ein betagtes Mütterchen

Sie liegt vollkommen leblos da, keinerlei Regung, der Atem ist kaum mehr wahrnehmbar. Die Augen hält sie geschlossen und die Hände sind weiß wie tot.

Ich bete laut das Vater unser und andere bekannte Gebete und singe Kirchenlieder wie Großer Gott wir loben dich oder So nimm denn meine Hände. Ich gehe davon aus, dass Frauen bei uns in Deutschland mit einem grauen Haarknoten und in hohem Alter einer christlichen Kirche angehören. Ich meine auch zu spüren, wann Beten und Singen angebracht ist. Wenn die Atmosphäre nicht stimmig ist, kann ich das auch gar nicht tun. Ich halte ihre welke Hand in meinen Händen und es kommt eine großer Friede über mich. Nirgends kann ich so gut zur Ruhe kommen wie an einem Sterbebett. Dieses Wissen um die Nähe des Todes ergreift mich immer wieder in einer Form, die nur schwer zu beschreiben ist. Kommen doch Engelwesen den Sterbenden abzuholen? Nach zwei Stunden, ich weiß, die Ablösung wird bald kommen, sage ich ihr, dass ich nun gehen werde. Da geschieht das Unglaubliche, aus ihren Augen fließen Tränen. Am liebsten würde ich bleiben.

Dies war einer der erschütterndsten Momente, die ich in all den Jahren bei Hospiz erlebt habe.

Urlaubsplan

Die Patientin, etwa 45 Jahre alt, ist zum ersten Mal in Freiburg. Sie kommt aus Norddeutschland. Es geht ihr relativ gut. Sie möchte so gerne die Umgebung von Freiburg ein bisschen kennen lernen und mit mir an einem schönen Plätzchen Kaffee trinken. Also fahren wir zum Dattler, ein anderes Mal zur Luisenhöhe. Sie ist ein sehr einsamer, sehr empfindsamer Mensch. Wir unterhalten uns über Gott und die Welt, über Leben und Sterben, über Männer und Frauen. Sie möchte wissen, welche Vorstellung ich vom Tod und dem ewigen Leben habe schwierig zu beantworten. Meine eigene Vorstellung wird in solchen Momenten immer wieder in Frage gestellt.

Am Lorettoberg beim Rehbrünnele sitzen wir eines Tages und sie kann gar nicht mehr aufhören zu weinen, einen richtigen Nervenzusammenbruch hat sie, alle Angst, alle Verzweiflung bricht aus ihr heraus. Sie ist so einsam, keine Familie, keine echten Freunde und dazu diese Krankheit. Beim nächsten Spaziergang lädt sie mich ein, mit ihr zusammen auf den Kanarischen Inseln Urlaub zu machen, sie hat mir schon so viel von dort vorgeschwärmt, von ihrem Lieblingsurlaubsort.

Das muss man sich mal vorstellen, da hat ein schwerkranker Mensch genug Geld, um jemanden zu einem gemeinsamen Urlaub einzuladen und hat keinen, der sich darüber freuen würde. Wieder so ein schwieriger Fall: wo ist die Grenze zwischen Nähe und Distanz? Wie vermeide ich es, in meinem Gegenüber die Hoffnung zu erwecken, ich sei die lang ersehnte Freundin? Besonders schwierig ist das in der Tumorklinik, da man bei krebskranken Menschen fast nie wissen kann, wie lange sie noch leben werden.

Ich bin nicht mit auf die Kanaren geflogen.

Das Thema von Nähe und Distanz haben wir im Hospiz schon mehrfach in der einmal monatlich statt-findenden Supervision besprochen. Hier gehen die Meinungen sehr auseinander. Die einen meinen, bei jeder Begleitung muss absolut Distanz zum Patienten gehalten werden, die anderen sagen, dass für sie ohne Vertrautheit eine Begleitung nicht möglich ist.

Blumenstrauß

Seit fünf Wochen wacht dieser junge Mann bei seiner sterbenden Frau, wohnt mit ihr in dem kleinen Einzelzimmerchen, in das ein Besucherbett dazu gestellt wurde. Er hält die Verzweiflung fast nicht mehr aus. Er möchte seine Frau, die er sehr liebt, keinen Moment aus den Augen lassen aus Angst, sie könne in genau diesem Augenblick sterben. Aber er muss einfach eine halbe Stunde an die frische Luft, sich etwas bewegen und ein klein wenig Abstand gewinnen. Alle Freunde leben weit entfernt im Ruhrgebiet.

Ich finde eine völlig aufgequollene Frau vor, ohne ein einziges Haar auf dem Kopf, die Haut ist ganz weiß. Sie ist nicht mehr ansprechbar. Die Schwester stellt mich ihrem Mann vor, er hat mich mit großem Vorbehalt, wie er mir später erzählt, erwartet. Wir unterhalten uns eine Weile, dann geht er, allerdings nur für kurze Zeit, an die frische Luft.

Mehrere Tage vergehen, ich bin täglich dort. Die Patientin wird immer schöner, das geschwollene Gesicht wird schmaler und zarter, es ist wie ein Wunder, gegen Ende ähnelt sie einer griechischen Statue, sie ist bildschön. Ihr Mann kommt nun täglich früher von seinem Spaziergang zurück. Am Ende geht er gar nicht mehr weg. Wichtiger für ihn ist, dass er seine Situation mit jemandem besprechen kann - genügend Zeit dazu haben wir ja. Er zerbricht fast an seiner Traurigkeit. Er zeigt mir Bilder von seiner schönen, schwarzhaarigen Frau und erzählt aus ihrem gemeinsamen Leben, manchmal kommt die Ärztin dazu und verweilt ein bisschen, die Atmosphäre ist unglaublich ergreifend. Der junge Mann wird in seinem Büro dringend gebraucht, alle Arbeit bleibt liegen, der Arbeitgeber hat wenig Verständnis. Dennoch ist es für ihn selbstverständlich, am Sterbebett seiner Frau zu wachen.

Wenige Minuten nach meinem letzten Besuch stirbt sie in den Armen ihres Mannes.

Ich bekomme eine Todesanzeige mit einigen Dankesworten. Ein halbes Jahr später bringt Fleurop mir den schönsten Blumenstrauß, den ich je im Leben erhalten habe. Ich denke, das muss ein Irrtum sein, denn der Name war mir längst entfallen.

Der Begleitbrief war mir ein wundervolles Geschenk!

Meine liebste Begleitung

Uniklinik-Intensivstation. Umgeben von einem Plastikzelt, überall an Schläuche angeschlossen, Sauerstoffzufuhr: so finde ich die Patientin vor. Sie spricht sehr viel, fast nichts davon kann ich verstehen, der Redeschwall ist wohl eine Folge von Medikamenten und Angst. Sie ist Psychotherapeutin, behandelt in erster Linie Kinder. Es ist ungewiss, wie lange sie noch leben wird. Es ist ungewiss, an welcher Krankheit sie leidet.

Bei meinem zweiten Besuch lerne ich ihren Sohn kennen. Er weiß gleich wer ich bin, denn er hatte mit dem Einverständnis seiner Mutter veranlasst, dass jemand vom Hospiz gerufen wird. Wir treffen uns im Vorraum, die Mutter wird gerade behandelt, wir befürchten beide, dass sie bereits im Sterben liegt. Sofort sind wir in ein Gespräch vertieft. Sein Bedürfnis, mit jemandem über seine Mutter und seine innige Beziehung zu ihr zu sprechen, ist überwältigend, sie sind sich gegenseitig die wichtigsten Menschen. Seine Eltern sind geschieden und er ist das einzige Kind.

Diese Begleitung geht über eineinhalb Jahre. Wir freunden uns richtig an, in diesem Fall ist das auch in Ordnung. Sie lebt im Hochschwarzwald, ich fahre sie oft besuchen, mal dort, mal in der Tumorklinik, wo sie inzwischen behandelt wird. Sie befasst sich sehr intensiv mit ihrem Krebs - dem Warum und Wieso dieser Krankheit versuchen wir auf die Spur zu kommen, der Frage nach dem Sinn des Ganzen. Wir beide haben die Bücher von Thorwald Dethlefsen Schicksal als Chance und Krankheit als Weg gelesen und viele mehr dieser Art. Wir führen wunderbare Gespräche, auch über meinen hyperaktiven Enkel, ihr ist dieses Phänomen absolut vertraut. Alle Gedanken, die uns beschäftigen, können wir miteinander teilen.

Ein Hoffnungsschimmer, der sich schnell zerschlägt, ist der bevorstehende Aufenthalt in einer anthroposophischen Klinik. Hier ein Ausschnitt aus einem ihrer Briefe: *Am Montag ging es mir nicht gut, ich rief in der Klinik an, ob ich schon früher kommen könne, und ich kann kommen. Zunächst in ein Einzelzimmer auf der Pflegeabteilung, dann sieht man weiter. Morgen früh werde ich Falkau verlassen und etwas Neues, Schweres, aber sehr Schönes wird beginnen...* Nach kurzer Zeit kommt sie erschüttert und verzweifelt über die Behandlungen dort zurück.

Als es ihr immer schlechter geht und sie austherapiert ist, wird sie in der *Tubi* nicht mehr aufgenommen. Sie kommt in ein Krankenhaus nach Neustadt um da zu sterben, das Hospiz in Freiburg gibt es zu dieser Zeit noch nicht. Auch dort besuche ich sie häufig. Hier in diesem Krankenhaus wird sie sehr liebevoll betreut. Das letzte Mal, als ich bei ihr bin, kann sie nicht mehr sprechen. Leise singe ich ein

Lied, das hatten wir miteinander besprochen, und sie stimmt aus voller Kehle mit ein. Nun singen wir alles was uns einfällt, Im Märzen der Bauer sein Rösslein einspannt usw.

Später erfahre ich, dass so etwas immer wieder geschieht: die Menschen können nicht mehr sprechen, aber noch singen. Wieso das so ist, konnte mir bisher niemand erklären.

Der Sohn schickt mir eine Todesanzeige. Ich gehe zur Beerdigung nach Altglashütten, und nun ist es ganz seltsam, all die Menschen zu erkennen, von denen sie mir immer erzählt hatte. Ich sitze ihrem Exmann gegenüber - unfassbar - ich kenne fast jede seiner Bemerkungen im Voraus. Der Abschied fällt mir sehr schwer.

Als ich neulich ein Buch suche, fällt mir eine Grußkarte von ihr in die Hand:

Liebe Frau Berger, ich erinnere mich noch sehr gut an eine zarte Hand, die mich gehalten hat, wenn ich begann, mich hinter Schläuchen und Atemmaske anonym zu fühlen. Von da ist es nur ein kleiner Schritt ins Nichts, ins Personenlose. Aber ich wollte ja ein Ich bleiben. Da hat mir die Hand geholfen. D A N K E.

Totenstarre

Ich begleite eine Frau zu Hause. Zuvor ist die Tochter bei mir gewesen, um mich kennen zu lernen und mir von ihren Eltern zu erzählen. Der Vater ist ein Tyrann, die Mutter ihm völlig untergeordnet.

Mehrfach besuche ich die Frau, wir kommen aber tatsächlich kaum zu einem Gespräch, da der Mann die ganze Zeit dabei ist und die Unterhaltung bestreitet. Kaum ist er aus dem Zimmer, bricht ein Redeschwall aus ihr heraus, um sofort wieder zu verstummen, wenn er zurück kommt. Die Tochter meint, wir haben keine Chance, die Situation zu ändern.

Nun stirbt sie, die Tochter sagt mir sofort Bescheid und wir wachen gemeinsam, bis die Männer vom Beerdigungsinstitut kommen. Augenblicklich verschwindet der Ehemann aus dem Haus. Er kann es nicht ertragen, dass seine Frau abgeholt wird.

Dann poltern die Männer mit dem Sarg in das Zimmer, sie stellen ihn ab und müssen noch mal zurück zum Auto. Wir beide schauen uns erschüttert an und beschließen blitzschnell, die Mutter selbst in den Sarg zu heben. Der Gedanke daran, die Verstorbene von den Händen dieser Männer berühren zu lassen, ist grässlich. Was wir beide bisher nicht wissen: dass eine Tote in der Totenstarre unendlich schwer ist. Trotz vereinter Kräfte können wir sie kaum anheben. Inzwischen sind die Männer zurück und alles geht seinen gewohnten Gang.

Aber ich brauche dich doch!

Pfingsten, Einsatz in der Diakonie. Die Patientin kommt aus Siebenbürgen. Eine aufgedunsene, unförmige, ältere Frau mit einer auffallend edlen Nase. Wie sie wohl aussah, ehe sie krank wurde? Wie haben Medikamente und Krebs sie verunstaltet?

Seit Jahren schon ist die Patientin immer wieder hier zur Behandlung, nun hat sie beschlossen, an Pfingsten zu sterben, sie hat alle Kraft aufgebraucht für dieses Leben; einstmals war sie eine tüchtige, fröhliche und attraktive Frau. Nun will und kann sie nicht mehr... das erzählen mir die Schwestern, die Frau selbst ist verstummt.

Der Arzt kommt ins Zimmer um nach ihr zu sehen. Er kennt sie schon so lange und hat sie wohl in sein Herz geschlossen. Er berichtet, dass sie von ihrem Mann wie der niedrigste Dienstbote behandelt wird, selbst wenn sie völlig erschöpft zwischen den Chemotherapien zu Hause ist, muss sie alle Arbeit tun, der Mann lässt sich ganz selbstverständlich von ihr bedienen, dafür sei sie ja da! Ich unterbreche seinen Redestrom, mir ist es unheimlich, in welcher Art der Arzt über diesen Mann herzieht, er weiß doch, dass die Frau noch alles hören kann. Nun fängt er erst recht an zu schimpfen und erklärt mir, dass es für die Frau eine Erleichterung sei, dies alles ausgesprochen zu hören. Inzwischen ist auch noch der sehr nette Pfarrer dazu gekommen. Beide übertreffen sich in ihrer Empörung über diesen Tyrannen. Er hat jegliche Haushaltshilfe für seine Frau abgelehnt und Essen auf Rädern kam überhaupt nicht in Frage, sie stelle sich ja nur an und könne schließlich arbeiten. Mindestens 20 Minuten berichten sie, ich bin sprachlos. Die Frau könnte wohl noch länger leben, aber sie möchte nicht mehr zurück in dieses Elend.

Als ich am nächsten Tag dort bin, kommt besagter Mann mit seiner Tochter und der Schwester der Frau. Nun glaubt und versteht er anscheinend zum ersten Mal wirklich, wie hoffnungslos und furchtbar die Krankheit seiner Frau ist und fängt laut zu weinen an: *„Mama, Mama das kannst du mir doch nicht antun, ich brauch dich doch, du kannst mich doch nicht alleine lassen!"* Die Tochter versuchte den Vater zu beruhigen, vergeblich, immer lauter schreit er nach der Mama. Wie grausam verzweifelt dieser Mensch in Wirklichkeit wohl ist? Die Situation war irgendwie grotesk. Ich sage ihm, er könne seiner Frau noch etwas Liebes oder Versöhnliches sagen, sich vielleicht bedanken für all das Gute, das sie ein Leben lang für ihn getan hat. Ich versichere ihm, dass sie ihn noch hören kann. Das Einzige was ihm einfällt ist: *„Aber ich brauche dich doch!"* Dies alles hat mich innerlich merkwürdig wenig berührt. Als jedoch ihre Schwester beginnt, mir von der Sterbenden zu erzählen und auch noch anfängt zu weinen, kann ich es nicht mehr aushalten und flüchte regelrecht ohne mich richtig zu verabschieden. Ich möchte nicht, dass sie meine Tränen sehen. Es ist das erste und einzige Mal, dass ich während einer Begleitung weinen muss.

Am folgenden Tag kommt der Sohn aus Paris. Die Familie ist vollständig und die Patientin kann getrost sterben, so wie sie es sich gewünscht hat.

Die Engel waren schon da

Die Begleitung geht über viele Wochen. Der Patient ist vielleicht fünfzig Jahre alt und sagt, dass er vollkommen allein im Leben steht.

Er freut sich so sehr, wenn ich komme, und das Schönste für ihn ist, wenn ich ihm aus meinem Leben erzähle. Er ist ein gläubiger Mensch, wir haben immer viel zu besprechen und Meinungen auszutauschen. Seine Horrorvorstellung ist, austherapiert zu sein und die Tumorklinik verlassen zu müssen. Er fühlt sich hier wohl und gut versorgt. Außerdem bin ich da und soll unbedingt am Ende bei ihm sein. Die Tatsache, dass ich nicht bei ihm sein würde, wenn er in die Klinik in seinem Heimatort verlegt würde, ist für ihn unvorstellbar.

Als ich für ein paar Tage verreise und eine Vertretung zu ihm kommt, fragt er diese immerzu, wann ich endlich wiederkomme. Mir sagt er später, ich solle ihm diese Frau bloß nicht wieder schicken, sie hätte ihm lediglich aus der Zeitung vorlesen wollen und nichts zu sagen gewusst. Ich weiß, dass eine solch enge Bindung zu einem Patienten nicht sein sollte, aber ich kann es nicht verhindern.

Eines Tages erzählt er mir, dass ihm jetzt schon die Engel erscheinen um ihn abzuholen und wenige

Tage später hat er eine Vision seines Todes, vierzehn Engel sind bei ihm - und ich.

Beim nächsten Besuch möchte er, dass ich zwei Gläser und eine Flasche Wasser hole und die Rollläden herunter lasse. Es geht ihm wirklich entsetztlich schlecht, er möchte sterben und so soll ich nun das Bild seiner Vision aufbauen. Und ich tue es. Die Situation ist irre emotional. In dem Moment, als ich die Gläser mit Wasser fülle, betritt ein ganzes Heer von Ärzten und Schwestern das Zimmer und der arme Mensch wird zurück in die Wirklichkeit geholt, das ist so schlimm!

Natürlich weiß ich nicht, ob er tatsächlich gestorben wäre und nun, Jahre später, da ich diese Erlebnisse aufschreibe, kommt mir alles ganz unwirklich vor. Aber damals war es für mich vollkommen in Ordnung und selbstverständlich, mich seinen Wünsche zu fügen.

Ich möchte hier ein Problem ansprechen, das mir immer wieder begegnet. Ein Mensch liegt im Sterben. Ich als Begleiterin bringe meine volle Zuwendung ein. Ich halte seine Hand, streichle ihm über den Kopf, sage liebevolle, tröstende Worte, gehe voll auf ihn ein. Nun tritt der Tod doch noch nicht ein, er muss die Klinik verlassen und bittet darum, mich weiterhin um ihn zu kümmern, wenn auch nur telefonisch. Es ist so schwer, da nein zu sagen, es ist noch viel schwerer ja zu sagen und die Erwartungshaltung des Patienten nicht mehr erfüllen zu können, das heißt, auch nicht mehr erfüllen zu wollen. Volle Zuwendung kann ich einem Sterbenden geben, aber natürlich nicht einem Menschen, der verzweifelt alleine ist. Bis heute, nach über zwölf Jahren ist das noch immer ein Problem für mich.

Red nicht so saudumm daher!

(kein Hospizeinsatz)

Meine langjährige Freundin muss ihre Mutter ins Pflegeheim geben. Die Mutter, eine sehr kultivierte, gepflegte und anspruchsvolle Dame, liegt nun in einem kleinen Doppelzimmerchen mit einer schweigenden (und stöhnenden) Frau zusammen. Kein Besuch soll erscheinen außer ihrer Tochter, die oft zwei Mal am Tag vorbeischaut, um ihre Mutter zu füttern und zu pflegen. Da wir uns von früher sehr vertraut sind, darf ich ebenfalls kommen und die Dame, solange es noch geht, im Rollstuhl spazieren fahren, was erst einmal gelernt sein will.

Eines Tages bin ich etwas zu früh da. Ich warte im Gemeinschaftsraum. Auf dem Flur fährt eine Patientin im Rollstuhl hin und her und jammert in den höchsten Tönen *„Hilfe, Hilfe, kein Mensch kümmert sich um mich, hilft mir denn keiner, kein Mensch kümmert sich um mich, Hilfe, Hilfe!"* Alle Anwesenden sind entnervt, es ist fast nicht zu ertragen. Ich gehe zu der Frau und schiebe sie ein bisschen. Ich spreche mit ihr, aber sie jammert immer weiter. Als ich mit aller Achtsamkeit sage, so ganz stimme das ja nicht, es würde schon vieles für sie getan, dreht sie sich zu mir um, sieht mir in die Augen und sagt mit einer ganz normalen Stimme. *„Red nicht so saudumm daher!"* und schreit weiter um Hilfe.

Es ist erschütternd zu begreifen, dass Menschen sich in eine Rolle hinein flüchten und darin gar nicht gestört werden wollen. Vielleicht die einzige Möglichkeit, bestimmte Situationen überhaupt zu ertragen.

18 Jahre jung

Ich soll eine Begleitung bei einem 18-jährigen übernehmen; er ist halb so alt wie mein Sohn! In der Nacht vor dem Einsatz liege ich lange wach, ich komme über die Frage nicht hinweg, wie ich diesen Patienten ansprechen soll, mit Du oder Sie? Diese Entscheidung wird zu solch einem Problem für mich, dass ich am nächsten Morgen beschließe, die Jüngste aus unserer Hospizgruppe anzurufen. Ich schildere ihr die Situation und bitte sie, statt meiner diesen jungen Mann zu besuchen. Zum Glück kann sie die Betreuung übernehmen und es ergibt sich für beide eine sehr gute gemeinsame Zeit, wie sie mir später berichtet.

Abgegeben

Die Patientin ist sterbenskrank, aber voller Aktivität, vielleicht 40 Jahre alt, Rechtsanwältin. Sie möchte von mir viele Informationen über Fakten, von denen ich selbst keine Ahnung habe, z.B. zu spezifischen Behandlungsmethoden, zum Testament usw. - ich bin vollkommen überfordert und fühle mich verunsichert. Es war mir irgendwie peinlich, ihre Fragen nicht beantworten zu können. Sie fährt kurz vor ihrem Tod noch nach Donaueschingen, trifft sich dort mit ihrer ganzen Familie, um alles zu besprechen und zu regeln was noch zu regeln ist. Eine unglaubliche Disziplin in diesem Zustand.

Ich verreise für einige Tage und gebe die Betreuung weiter. Bei der Wahl meiner Vertretung führt mich eine glückliche Eingebung. Es ist gut, wenn man den Patienten ein bisschen kennt und überlegen kann, wer wohl zu ihm passt.

Als ich zurück bin und frage, wie es läuft erfahre ich, dass die beiden wunderbar harmonieren und es eine sehr gute, bereichernde und beglückende Begegnung ist. Meine Vertretung massiert der Kranken die Füße und geht mit ihr auf Traumreisen. Nun kann ich getrost zu Hause bleiben, froh darüber, eine so gute Entscheidung getroffen zu haben. Ich bin auch noch nie auf den Gedanken gekommen,

Traumreisen anzubieten, das kann ich gar nicht, finde es aber eine wunderbare Möglichkeit.

Vor kurzem begegnete ich dieser Begleiterin, sprach sie, obgleich Jahre vergangen waren, auf die damalige Situation an und sie sagte mir, dass bis heute ein Foto von der Verstorbenen auf ihrem Schreibtisch steht.

Geschlossene Abteilung - Diakonie

Mit einem Schlüssel werde ich eingelassen und mir wird gleich gezeigt, wie ich hoch oben einen Knopf betätigen kann, um die Tür von innen wieder öffnen zu können. Ich soll eine Frau besuchen, diese ist jedoch gerade eben gestorben. Ein Kerzchen brennt auf ihrem Nachttisch. In anderen Pflegeheimen sind Kerzen absolut verboten, verständlich aber trostlos für Menschen, denen Kerzenlicht Trost spendet.

Eine Schwester kommt auf mich zu und bittet: *„Ach, da Sie jetzt schon hier sind, könnten Sie ja gleich den Herrn X übernehmen, er liegt im Sterben."*

An diesen Herrn kann ich mich überhaupt nicht erinnern, aber an dessen Bettnachbarn, einen alten Kommisskopp. Er flucht so unglaublich grauenhaft und obszön, dass es fast schon wieder großartig ist. Dabei starrt er mich an, als trüge ich an allem Leid die Schuld. Mich beruhigt, dass er sich kaum bewegen kann, ich glaube sonst würde mich Panik ergreifen.

Schon mehrmals bin ich in dieser Abteilung gewesen, bevor mir zum ersten Mal die Sofas, die auf den dämmrigen Gängen stehen ins Bewusstsein dringen. Darauf liegen Lumpen und diese Lumpen bewegen sich und wenn ich genauer hinsehe, werden daraus Menschen, grauenhafte Gestalten, in völlig unnatürlichen Stellungen mit verrenkten Gliedern, die Beine um den Hals gelegt, am großen Zeh lutschend, grässliche Töne von sich gebend, alle sind ruhig gestellt, nicht zu beschreiben, die absolute Hölle. Ich habe das wohl anfangs nicht wahrgenommen, weil solches Grauen außerhalb meines Vorstellungsvermögens lag.

Das Phantastische: Viele liebenswerte, zugewandte junge Pflegerinnen und Pfleger kümmern sich um diese armen Geschöpfe! Ihnen gilt meine grenzenlose Bewunderung und Hochachtung.

Am Ende kam die Enkeltochter

Als ich die kranke Frau das erste Mal besuche, ist sie geistig noch hell wach und auch körperlich relativ fit. Ihr Mann ist vor nicht all zu langer Zeit gestorben und da sie eine sehr gute Beziehung hatten, fühlt sie sich nun natürlich sehr alleine. Sie waren bis zuletzt mit ihrem perfekt ausgestatteten Campingwagen in ganz Europa unterwegs gewesen und haben entsprechend viel erlebt.

Der Sohn wohnt im Süden von Argentinien als Aussteiger. Eine Enkeltochter studiert in Freiburg. Wir berichten uns gegenseitig spannende Geschichten aus unserem Leben, sprechen aber kaum über ihre Krankheit oder gar den Tod.

Die Patientin baut unglaublich schnell ab, von Tag zu Tag fällt ihr das Sprechen schwerer, aufstehen kann sie schon gar nicht mehr. So sitze ich denn schweigend an ihrem Bett und bin wieder mal einfach nur da.

Am Tag vor ihrem Tod kommt während meines Besuches die Enkelin, die ich aus Erzählungen schon gut kenne. Sie hat überhaupt keine Probleme mit dem Zustand ihrer Großmutter, ist liebevoll zu ihr und nimmt sie in den Arm. Nun kommen wir ins Gespräch und sie ist hoch interessiert an all meinen Gedanken.

So kann ich nun all das, was ich der Großmutter so gerne gesagt hätte, auf diesem Wege doch noch mitteilen. Zum Schluss nehmen wir uns in die Arme, und sie bedankt sich für diese Stunde.

Schon wieder ein Geschenk.

Künstlicher Darmausgang

Die etwa 40-jährige Frau sitzt im Rollstuhl, wir gehen spazieren. Sie hat einen künstlichen Darmausgang, der aber wahrscheinlich zurückverlegt werden kann. Das unmittelbare Umfeld der Klinik für Tumorbiologie - *Tubi* - ist äußerst ungeeignet, um sich an der Natur erfreuen zu können. Wir gehen hinüber zum Uniklinikum, dort sind einige schöne Blumenrabatten zu finden und ein netter Teich. Hier fangen nun ihre Gedärme an zu rumoren. Wir brauchen sofort eine Toilette, in der sie ihren Beutel auswechseln kann. Sie dachte natürlich, ich wüsste Bescheid, wo eine zu finden ist, ich weiß es aber nicht. Wieder einmal habe ich versäumt, mich vorher beim Pflegepersonal zu erkundigen, was dem Patienten überhaupt zugemutet werden kann. Wir geraten beide ein wenig in Panik, gehen in irgendein Gebäude des Klinikums und suchen die Toiletten, kein Mensch ist in diesem Moment in Sicht, der uns helfen kann. Wir finden die Toilette, zum Glück kann sich die Patientin alleine versorgen. Allerdings ist sie danach so erschöpft, dass es wahrscheinlich unverantwortlich ist, sie wieder im Rollstuhl zurück in die *Tubi* zu bringen, zumindest hätte sie wohl erst ein bisschen ausruhen müssen.

In solchen Fällen kann ich nur hoffen, dass ein Schutzengel aufpasst!

Begleitung über zwei Jahre

Sie ist immer so voller Hoffnung und Zuversicht, lässt jede noch so grässliche Behandlung über sich ergehen. Aber alles hilft nichts.

Seit Jahren lebt sie alleine nahe bei Koblenz, sie ist etwa 45 Jahre alt. Die erwachsenen Zwillingstöchter wohnen in ihrer Nähe. Zu ihrem geschiedenen Mann hat sie schon lange keinen Kontakt mehr. Im Wartezimmer eines Arztes findet sie einen Prospekt der Tumorklinik Freiburg, ruft dort an und bekommt einen Termin, packt ihre Koffer und kommt nach Freiburg, ganz alleine mit einem Taxi (das zahlt die Krankenkasse). Sie ist eine völlig unauffällige Frau; ich finde es ungeheuer mutig von ihr, solch einen Entschluss zu fassen, wegzugehen von allem Vertrauten in eine Stadt, in der man keinen Menschen kennt, keinen haben wird, mit dem man sprechen kann. Immer wieder das gleiche Thema. Dies alles ist der Hoffnung untergeordnet, hier in der *Tubi* Hilfe zu finden.

Wir haben von Anfang an ein sehr gutes Verhältnis, erzählen uns viel, vor allem lachen wir häufig zusammen, wir schimpfen gemeinsam über die Männer, reden über Bücher, Fernsehen und Reisen.

Als sie ins Josefskrankenhaus zur Kernspintomographie muss und sich entsetzlich davor fürchtet, begleite ich sie und halte während der ganzen Zeit der Behandlung in diesem Ungeheuer von Apparat ihren Kopf. Das geht gut, da das Gerät nach hinten offen ist. Der Weg zum Behandlungsraum ist schlimm, tief unten im Keller, nackte, sterile Wände ohne Fenster, lauter verzweifelte Menschen und keiner der ihnen hilft oder gar ein paar tröstende oder erklärende Worte findet. Es ist wahrhaft eine Zumutung, wie alleine gelassen die Patienten meistens dort sind. Sie warten zum Teil auf Liegen, auf denen sie hereingeschoben werden, und haben keine Ahnung, wie lange diese Warterei noch gehen wird und was ihnen bevorsteht. Wie froh sind wir beide, als wir wieder in dem Zimmerchen in der *Tubi* sind.

Die Patientin kennt und liebt Waldkirch, am liebsten würde sie dort leben. Sie wünscht sich, diese Stadt noch einmal wieder zu sehen, es geht ihr gut und so fahren wir denn hin. Sie ist ganz glücklich, will aber nur Schaufenster anschauen und in Kaufhäuser gehen. Fast alles, was sie schön findet, gefällt mir nicht, darüber können wir gemeinsam herzhaft lachen. Wir kommen an einer Kapelle vorbei, die Tür steht offen. Mein Vorschlag, da für einen Augenblick rein zu schauen, stößt auf taube Ohren.

Wir kennen uns nun schon so lange. Immer wieder kommt sie zur Behandlung nach Freiburg, immer voller Vertrauen auf eine Besserung. In der

Kirschenzeit bringe ich ihr Kirschen mit, in der Traubenzeit Trauben. Wir stellen uns vor, wie die Kirschen den ganzen Krebs verschlingen werden, man kann so schön mit ihr blödeln und Geschichten erfinden. Es geht ihr immer schlechter.

Eines Tages sage ich ihr, wenn sie denn nun sterben wird, könnte sie ja vom Jenseits aus ein bisschen auf mich aufpassen. Das ist das erste und einzige Mal, dass sie ein wenig stutzt und mich fragt, ob ich an so etwas glauben würde.

Leider habe ich nie erfahren, wann und wie sie gestorben ist.

Ein Leben in Geborgenheit - dachte ich
(kein Hospizeinsatz)

Ich wohne in einem kleinen Dorf in der Nähe von Freiburg.

Die kranke Mutter und Großmutter ist eine Bäuerin aus der Nachbarschaft. Für mich verkörpert sie den Inbegriff der heilen Welt. Sie hat einen liebevollen Mann, Kinder und Enkelkinder wohnen im Haus nebenan, alles ist friedlich und harmonisch. Sie haben Kühe, Schweine, Hühner, fast immer junge Katzen und einen wunderschönen Bauerngarten mit Blumen und phantastischem Gemüse. Aus hauseigener Sahne bereitet sie Butter, die in eine Holzform gedrückt wird, so dass sie mit einer schönen Blume verziert ist; auch ihr Quark ist köstlich. Das leckerste Brot backt sie und es gibt immer herrlichen Kuchen. Was immer sie zu verkaufen hat, erwerbe ich und fühle mich dann wie im Besitz eines Schatzes.

Jeden Sonntag gehen sie und ihr Mann in die Kirche, er ist aktiv am Gottesdienst beteiligt.

Sie bekommt Rückenschmerzen, nimmt ab und kein Arzt weiß warum. Kein Mensch kann und mag glauben, dass diese Frau schwerst krank ist.

Als es längst zu spät ist, wird Bauchspeicheldrüsenkrebs diagnostiziert. Sie kommt ins Josefskrankenhaus und ist dort ganz seltsam glücklich. Der Mann ist fassungslos, seine Frau interessiert sich für nichts mehr was zu Hause läuft, nicht einmal dafür, dass eine Kuh Zwillinge bekommen hat. Sie ist mit dem halben Dorf verwandt, aber fast alle haben Schwierigkeiten damit, diese todkranke Frau zu besuchen, keiner kann es glauben und keiner will es wahrhaben.

Der Priester kommt sie täglich besuchen, das ist ihr ein großes Bedürfnis und ein großes Glück. Sie ist so ruhig, ausgeglichen, fast fröhlich, das ist ganz wundersam.

Als ich das letzte Mal bei ihr bin, frage ich sie, ob sie Angst habe vor dem Sterben, da sagt sie wörtlich *„Es ist das erste Mal in meinem Leben, dass ich keine Angst habe"*. Sie erzählt mir dann, dass sie als Kind nie Angst haben durfte, auch nicht als die Bomben auf Freiburg fielen und sie das von ihrem Bauernhof aus sehen konnte. Damals war sie sieben Jahre alt. Diese Angst hat sie das ganze Leben hindurch begleitet. (Und ich dachte immer, kein Mensch könne ruhiger und sicherer sein als sie.)

Sie stirbt friedlich und zuversichtlich, getröstet in ihrem Glauben.

Nur noch Angst

Der Einsatz lautet, eine Frau von der *Tubi* zur Uniklinik zu begleiten. Sie ist sehr krank, sehr schwach und sehr verzweifelt.

Die Patientin ist fast fünfzig Jahre alt, klein und hat einen Buckel. Bis vor kurzem war sie noch 15cm größer und ging aufrecht. Sie war (ohne es zu merken) nachts aus dem Bett gefallen, und am Morgen war das Entsetzliche geschehen. Trotz ihrer morschen Knochen konnte sich keiner erklären, wie es aufgrund des Sturzes zu so einer krassen körperlichen Veränderung kommen konnte.

Sie bleibt trotz allem ein fröhlicher Mensch voller Kraft und Plänen. Gemeinsam mit ihrem Mann leitet sie eine Pension, das erste Enkelkind wird geboren.

Beim ersten Mal, als sie zur Behandlung in die Uniklinik gebracht worden war, drückte man ihr ihre Unterlagen in die Hand, ein Taxi holte sie ab und sie wurde an ihrem Bestimmungsort abgesetzt. Da stand sie nun ganz alleine und wusste nicht weiter.

Sich in den Gebäuden der Uniklinik zurechtzufinden, ist schon in gesundem Zustand schwierig. Irgendwie schaffte die Patientin es, an die richtige Stelle zu gelangen. Sie wurde behandelt und musste ewig warten, bis ein Taxi kam um sie in die *Tubi* zurückzubringen. Völlig erschöpft fand sie zur Station. Sie erlitt einen Schock und weigerte sich, sich jemals wieder ohne Begleitung in die Uniklinik bringen zu lassen, auch nicht vom Roten Kreuz oder den Maltesern, die gewiss viel bemühter um die Patienten sind als ein Taxifahrer.

Zum Glück fällt irgend jemandem ein, dass es die Hospizgruppe gibt. Nun begleite ich sie im Krankenwagen zu all ihren Behandlungen in die Uniklinik. Ich erfahre, dass weder die Mitarbeiter vom Roten Kreuz noch die von den Malthesern - sie alle sind außerordentlich freundlich, liebevoll und hilfsbereit - je etwas von der Hospizgruppe gehört haben.

An einem Tag treffe ich fünf Minuten zu spät ein, ausgerechnet da ist der Transport überpünktlich. Die Patientin sitzt aufrecht in ihrem Bett und lehnt es ab auch nur eine Bewegung zu tun, ehe ich da bin.

Die Begleitung wird für mich so zeitaufwändig, dass ich noch jemanden aus unserer Gruppe dazu bitte. Wir versuchen die Patientin zu überreden, jetzt doch alleine zu fahren, was für sie jedoch absolut indiskutabel ist, der Schock sitzt zu tief. Ihr Mann kommt sie regelmäßig besuchen, wohnt aber zu weit weg, um jeweils zu den Bestrahlungen kommen zu können.

Nach der vorerst letzten Behandlung warte ich mit ihr auf ein Gespräch mit dem Arzt, wir warten und warten, es geht ihr immer schlechter, sie wird immer schwächer, obgleich sie sich auf eine Liege legen kann. Ich frage wieder und wieder nach, wann denn nun endlich der Arzt kommt - ja er kommt gleich - leider ist etwas dazwischen gekommen, aber es kann nicht mehr lange dauern - ja, er kommt jeden Moment. Nach zwei Stunden gehen wir wieder. Wir bekommen die Zusicherung, dass der Arzt sich mit der Station in der *Tubi* in Verbindung setzen wird. Dies ist meines Wissens nie geschehen!

Die ganze Tortur hat nichts genutzt, die Werte werden immer schlechter. Nun raten die Ärzte in der Tubi zu einer neuen Behandlungsart. Die Ärztin in der Uniklinik hat dagegen einen anderen Vorschlag. Die Kranke muss sich nun selbst für eine der Therapien entscheiden. Ich bin bei den Gesprächen in der Uniklinik dabei. Wir sitzen also wieder einmal zusammen da und warten lange in einem zugigen Flur. Allerdings werden wir dann von einer sehr netten und interessierten Ärztin empfangen. Sie erklärt uns unendlich viel über die Kernzellentherapie, nimmt sich viel Zeit alles gut zu erklären, aber wir verstehen trotzdem kaum etwas davon. Soviel wird uns jedenfalls klar, dass die Ärztin großes Interesse daran hat, diese mögliche Behandlungsmethode auszuprobieren.

Gemeinsam überlegen die Patientin und ich, wie es weiter gehen soll. Ich bestärke in solch einem Fall immer den Weg, zu dem die Patienten eh neigen.

Kernzellentherapie: nun fängt das Grauen überhaupt erst an. Sie liegt jetzt in der Uniklinik, Isolierstation. Alle Schleimhäute entzünden sich, überall quälen sie schlimme Schmerzen, ihr ist ständig fürchterlich schlecht, es ist wirklich fast nicht zu ertragen. Ihr lieber Mann kommt, so oft er kann, aber wir sind ohnmächtig, keiner kann ihr helfen.

Ein junges sterbendes Mädchen liegt bei ihr im Zimmer; es ist erschütternd, Eltern und Freunde in dieser Verzweiflung zu erleben.

Diese Frau, die ich in mein Herz geschlossen habe, ist noch am Leben. Einmal habe ich sie zu Hause besucht, hin und wieder rufen wir uns an; wenn sie zur Kontrolle in Freiburg ist, sehen wir uns.

Dann verlieren wir uns aus den Augen. Über zwei bis drei Jahre hören wir nichts mehr voneinander.

Nun, während ich diese Aufzeichnung überarbeite, in Gedanken dieser Frau nahe bin und mich frage, ob sie wohl noch am Leben ist - sogar meiner Tochter, die gerade bei mir ist, erzähle ich davon - läutet das Telefon. Diese Frau ist am Apparat! Sie sagt wörtlich: *„Frau Berger, ich rufe Sie nur an, um Ihnen zu sagen, dass ich noch lebe."*

Unfassbar

Einige Zeit später besuche ich sie, und da fällt mir auf: der Buckel ist weg! Sie ist wieder größer geworden; ihr Körper, obgleich immer noch schwer krebskrank, hat fast zu seiner ursprünglichen Form zurückgefunden! Ein Wunder.

Wir freuen uns so sehr, einander wiederzusehen.

Geh aus mein Herz...

Sie ist Dialysepatientin, achtzig Jahre alt und wird zu Hause betreut. Sie lebt ganz alleine, nur eine Bekannte kommt sie hin und wieder besuchen. Seit Tagen lehnt sie die Behandlung ab, isst nicht mehr, trinkt nicht mehr und wartet auf den Tod. Der katholische Sozialdienst betreut sie. Das sind die Informationen, die ich erhalte.

Als ich zu ihr komme, erwartet mich ein netter junger Mann vom Sozialdienst vor dem Haus.

Die Wohnung ist ein Chaos, es sieht aus, als sei hier jemand mitten im Umzug, alles liegt durcheinander. Die alte Frau ist kaum noch ansprechbar, liegt fast völlig regungslos da, nur die Augen sind in ständiger Bewegung. Der Pfleger streichelt sie, spricht unentwegt auf sie ein, versteht aber ihre Antworten nicht, da er Ausländer ist, nicht sehr gut Deutsch spricht und schon gar nicht Alemannisch. Ich werde ganz nervös, weil ich merke, dass die Frau nur ihre Ruhe haben möchte. Ein kleines bisschen trinkt sie noch. Als der Pfleger geht, sagt er: *„Ich habe wohl wieder viel zu viel gesprochen. Das passiert mir immer wieder."* Ich kann das nur bestätigen und wir trennen uns in Harmonie und gegenseitigem Verständnis. Er sagt mir, dass in vier Stunden wieder jemand vorbeischauen wird.

Nun bin ich also ganz auf mich gestellt. Eine völlig neue Situation, da ich sonst fast nur im Krankenhaus betreue und zu Hause bisher nur wache Krebspatienten. Mir gehen merkwürdige Gedanken durch den Kopf, dieses Ausgeliefertsein des Patienten an wildfremde Menschen ist mir noch nie so bewusst geworden; jede perverse Willkür könnte so ein Pfleger ausleben, ohne dass je ein Mensch davon erfahren würde. Die Patientin hat ihre Hand um das Bettgitter geklammert, ich möchte sie lösen, um sie bequem auf die Decke zu legen, kann es aber nicht, die Hand ist wie verkrampft, *„Aua! Aua! Aua!"* ruft sie, fast bin ich versucht, auszuprobieren, wie laut sie noch schreien kann. Unglaublich wie dicht unter der Oberfläche bei vielen von uns Menschen solche Lust liegen kann. Den wenigsten ist dies bewusst, wer will das schon wahr haben und erkennen, geschweige denn zugeben?

Interessante Bücher liegen überall. Viele über gesundes Leben und Ernährung, aber die meisten über Heilige, Wüstenväter, Erleuchtete usw., ebenso über Buddhismus und andere Religionen. An den Wänden hängen Engelbilder, Christusbilder, auch ein Bild vom Papst. Außerdem schöne Wanderfotos aus den Alpen.

Ihre unruhigen Augen geben mir das Gefühl, etwas außer der Mundpflege für sie tun zu sollen. Viele CDs und Kassetten mit guter Musik hat sie gesammelt, leider kann ich den Recorder nicht in

Gang bringen. Ich frage sie, ob es ihr recht sei, wenn ich aus einem Engelbuch vorläse, das mit vielen Buchzeichen versehen auf dem Tisch liegt, da reagiert sie und sagt *„Das wäre schön"*. Nun lese ich von ihr markierte Stellen vor. Später nehme ich auch andere Bücher zur Hand. Es ist schwierig geeignete Texte für solch eine Situation zu finden, möchte sie wohl lieber aus der Bibel vorgelesen bekommen oder Worte von großen Meistern? Merkwürdigerweise komme ich nicht auf die Idee, sie danach zu fragen. Ich bete und singe einige Kirchenlieder. Es ist eine gute, stille Zeit. Nach drei Stunden kommt meine Ablösung, mir fällt es schwer zu gehen, da ich jeden Moment mit dem Tod der Kranken rechne.

Das war an einem Sonntag. Am Mittwoch hole ich den Hausschlüssel im Hospizbüro ab und besuche sie noch einmal. Einige Zeit ist niemand bei ihr gewesen, lebt sie wohl noch? Ein unwirkliches Gefühl bemächtigt sich meiner.

Sie liegt noch genau so da wie drei Tage zuvor, allerdings bewegen sich nun auch die Augen nicht mehr, und der Mund steht weit offen, aber sie atmet noch. Während ich bei ihr sitze, verändert sich die Farbe des Halses, er wird lila, der Tod kommt richtig hoch gekrochen. Ein Herr von der Sozialstation schaut vorbei, er kann aber auch nichts tun, außer den Mund gründlich zu reinigen (oberflächlich hatte ich es schon mehrmals getan). Mir ist das fast schmerzhaft, ich habe so stark das Gefühl, dass das für die Sterbende eine Quälerei ist. Der Pfleger streichelt sie sehr liebevoll; komischerweise ist mir selbst das unangenehm, ich kann bei dieser Frau kaum meine Hand auch nur für einen Moment auf die ihre legen. Ich erkundige mich, was ich im Falle des eintretenden Todes tun solle. Er gibt mir die Telefonnummer der Sozialstation. Ich soll auf Band sprechen und den Todeszeitpunkt mitteilen. Vor morgen früh um acht kommt sowieso niemand! Ja aber...?

Nun bin ich also wieder alleine mit dieser im Sterben liegenden Frau, eine ganz sonderbare Ergriffenheit bemächtigt sich meiner. Ihr Atem wird langsamer, die Hautfarbe grauer, die Zeit verstreicht. Ich singe noch mal leise zwei Kirchenlieder und da fällt mir ein „Geh aus mein Herz und suche Freud" zu singen. Bei einem Sterbeseminar hatte uns der Leiter gesagt, dies Lied sei am Sterbebett geeignet. Und nun geschieht ein Wunder! Diese Frau, die die ganze Zeit völlig unbeweglich da lag, den Unterkiefer herabgeklappt, die Augen starr, bewegt - ich möchte fast sagen lautstark - ihren Unterkiefer, als wolle sie mitsingen. Ich bin zutiefst erschüttert!

Wenige Augenblicke später stirbt sie. So habe ich das noch nie erlebt, so intensiv und so alleine, was ist eigentlich geschehen? Hat die Seele den Körper verlassen und daraufhin das Herz aufgehört zu schlagen oder schweigt erst das Herz? Was ist das Leben überhaupt? Der Atem Gottes, der uns eingehaucht und am Ende wieder ausgehaucht wird? Nie werden wir es begreifen können. Ich bin in einer völlig abgehobenen Stimmung mit dieser Toten in diesem Chaos, ist sie wirklich tot? Bewegen sich ihre Augen nicht doch noch? Sie sieht mich doch an? Meine Seele reagiert, ich kann sie segnen, für sie beten und ihr ganz nahe sein... mit mir selbst geschieht ebenfalls etwas?!

Ich schließe ihr die Augen, den Kiefer lasse ich so wie er ist.

Nach einiger Zeit rufe ich bei der Sozialstation an und sage auf dem Anrufbeantworter Bescheid. Kurz darauf läutet das Telefon, ihre Bekannte ruft an. Ich frage, ob sie diejenige Freundin sei, die in den Nächten zuvor hin und wieder bei der Sterbenden gewacht habe. *„Ja, die bin ich, aber ich bin nicht ihre Freundin, sie wollte keine Freunde haben, sie wollte keine menschliche Nähe, auch keine Berührung"*. Das erklärt mir nun meine Schwierigkeit, meine Hand auf die ihre zu legen und so eine Verbindung herzustellen, es wäre für sie wohl nicht in Ordnung gewesen. Als ich vom Telefon zurück zu der Toten komme, ist ihr Mund geschlossen, dieser Mund, der seit Tagen offen stand. Da gerate ich fast in Panik, lebt sie vielleicht doch noch? Woher soll ich das denn wissen, wie soll ich es erkennen?

Sie atmet nicht mehr, den Puls kann ich nicht fühlen, aber der Mund hat sich noch bewegt, wie kann das möglich sein? (Später erfahre ich, dass es so etwas geben kann.)

Nach 90 Minuten gehe ich nach Hause, die Tote ist immer noch kaum abgekühlt (sie liegt auf einem Wasserbett!), wann tritt die Totenstarre ein? Kann ich eine Tote einfach alleine lassen? In einer Wohnung in einem großen Mehrfamilienhaus, ganz und gar alleine und kein Mensch weiß davon?

Diese Frau hatte keinerlei Freunde oder Angehörige, die Sozialstation wird den Haushalt auflösen, all die vielen liebevoll und mühsam gesammelten Dinge, was wird damit geschehen? Müllcontainer! Entsorgt!

Hier höre ich lieber auf zu denken.

Missverständnis

Der Mann ist vielleicht 40 Jahre alt, liegt in der *Tubi* und wartet auf einen Platz im Hospiz, um dort in Ruhe zu sterben. Die Tumore sind schon im Gehirn, er ist aber noch ansprechbar, allerdings zeitweise verwirrt. Dieser Patient ist so schrecklich unruhig, dass ich es fast nicht ertrage, und so frage ich ihn immer wieder, ob ich etwas für ihn tun kann.

Beim zweiten Besuch sagt er, ich könnte schon etwas für ihn tun, aber dazu sei ich ja nicht bereit, das wolle ich sicherlich nicht. Er ist sehr merkwürdig und redet viel durcheinander. Als ich ihn frage, ob er eine Vorstellung vom Sterben habe oder Angst davor, antwortet er: *„Davon will ich nichts wissen"*, dann schreit er fast: *„Angst nein, Angst wieso? Scheißangst! Natürlich Angst!"* Er zieht sich immerzu am Geländer seines Bettes hoch und kommt mir sehr nahe.

Inzwischen ist ein Platz im Hospiz freigeworden. Ich besuche ihn auch dort. Die gleiche Situation wie in der *Tubi*, aber nun strampelt er unentwegt seine Bettdecke herunter, ich decke ihn immer wieder zu, um ihn nicht in der Windel vor mir liegen zu haben. Er wird ganz verzweifelt, weil ich nicht kapiere, was er möchte. Immer ärgerlicher werdend wirft er die Decke schließlich auf den Boden, packt meine Hand und will sie zu seinem Penis führen, im ersten

Moment denke ich, es sei ein Versehen, bis ich endlich verstehe... Ich bin ziemlich verwirrt. Ich erkläre ihm ganz klar, dass ich dazu nicht da bin, ziehe mich zurück und verlasse den Raum.

Dabei hatte ich ihn doch gefragt, ob ich etwas für ihn tun könne. Ich komme mir wie eine Verräterin vor. Warum hatte ich denn seine Hand gehalten? Musste er dabei nicht denken, ich wolle das? Es war doch für ihn naheliegend, so zu denken...

Eine absurde Situation. In Zukunft werde ich achtsamer sein.

Am nächsten morgen kommt ein Anruf, dass er gestorben ist. Ich bin erleichtert.

Chile

Ein Patient aus Chile kommt in die *Tubi*, er ist deutschstämmig. Als er sechs Jahre alt war, sind seine Eltern nach Chile ausgewandert. Seine Frau ist Chilenin, sie haben zwei Kinder. Seine Mutter lebt mit ihnen gemeinsam in einem Haus, was schwierig ist.

Er ist Kommandant bei der freiwilligen Feuerwehr. Während einer Fortbildung in Deutschland erfährt er von der Tumorklinik in Freiburg. Er hat Krebs und stellt seinen Fall hier vor. Nach der Untersuchung sagt man ihm, sobald die Krankheit wieder in ein akutes Stadium tritt, soll er kommen. Kurze Zeit später ist es soweit. Er steigt in Chile noch selbständig in das Flugzeug, während des Fluges verschlechtert sich sein Zustand dermaßen, dass er hier mit dem Rollstuhl abgeholt werden muss und unter schwierigen Umständen nach Freiburg in die *Tubi* gebracht wird.

Bei meinem ersten Besuch geht es ihm relativ gut, er ist voller Zuversicht und ständig mit seinem Computer beschäftigt. Wir haben uns viel zu erzählen, besonders da ich schon mehrfach in Chile war. Als ich ihm sage, dass meine Schwiegermutter und zwei Brüder meines Mannes in Chile leben, ist er ganz glücklich. Er berichtet mir die unglaublichsten Dinge aus seinem Leben an der Seite von General Pinochet. Er war eine Art Bodyguard dieser Persönlichkeit, des

Diktators, des Präsidenten von Chile. Ich bin fassungslos, kann gar nicht begreifen, wieso er ein solches Vertrauen zu mir hat. Gut, ich hatte ihm gleich gesagt, dass meine Schwiegermutter eine Pinochetanhängerin war. Er aber war ein echter Vertrauter von ihm gewesen. Als ich ihn einmal frage, wie es möglich sei, dass er noch lebt, bei so vielen lebensgefährlichen Situationen antwortet er, dass er eben besser und schneller schießen kann als alle anderen!

Sein Zustand wird rapide schlechter, die Klinik möchte ihn am liebsten zurück nach Chile schicken. Das Heilmittel, das an ihm ausprobiert werden sollte, war noch nicht zum Einsatz freigegeben. Rückblickend hätte man ihn in diesem Zustand gar nicht kommen lassen dürfen. Der Patient weigert sich zurückzufliegen. Er sagt: *„Das kommt gar nicht in Frage. Man hatte mir gesagt, ich solle kommen. Jetzt bin ich da und die hier sollen schauen, was sie mit mir machen, sie können mich ja im Rollstuhl auf die Straße stellen! Mal sehen, was der deutsche Sozialstaat für Deutsche tut und nicht nur für Ausländer!"* Er ist sehr verärgert!

Die Kosten steigen ins Unermessliche, eine Versicherung existiert nicht, keiner kann zahlen. Nach drei Monaten ist der Patient körperlich so schwach, dass er nicht mal mehr an seinem geliebten Computer arbeiten kann. Seine Frau kommt für drei Wochen aus Chile zu Besuch, sie ist voller Energie, Lebensfreude, Zuversicht und Selbstbewusstsein.

Nun bin ich so eine Art Kommunikationszentrale geworden. Sein Bruder ruft mich häufig an und auch Freunde um zu fragen wie es dem Patienten wirklich gehe. Ich sage die Wahrheit. Wir versuchen mit aller Achtsamkeit ihm klar zu machen, dass es keine Hoffnung mehr gibt, er will das einfach nicht wahr haben, oder er tut zumindest so.

Nun wird er zur Kurzzeitpflege in die Medianklinik verlegt.

Beim Abschlussgespräch in der *Tubi* bin ich dabei. Der Arzt versucht mit unendlich viel Zeit, Zuwendung und Verständnis dem Patienten zu vermitteln, dass er sich auf eine neue Situation einstellen solle - auf das Sterben. Der Kranke geht darauf überhaupt nicht ein, dieses Thema ist für ihn ausgeklammert. Er fragt nur, ob er in der neuen Klinik die gleiche Behandlung bekommen würde wie in der *Tubi* und ob er seinen Computer dort anschließen könne. Der Arzt versucht ihn zu beruhigen, allerdings sagt er ihm nicht die ganze Wahrheit. Eine Behandlung, die der in der *Tubi* entspricht, ist im Pflegeheim nicht möglich.

Nun kommt seine Frau mit Sohn (16) und Tochter (14) noch einmal zu Besuch. Das Pflegepersonal bittet mich, der Familie auf Spanisch zu sagen, wie nah der Tod ist. Ich glaube, in Wirklichkeit wissen sie es bereits, aber keiner kann und mag dazu stehen.

Unglaublich, mit welcher Selbstverständlichkeit

der Kranke seine Frau und seine Kinder wie unterge-ordnetes Personal behandelt: er, das Familienober-haupt ordnet an - und alle gehorchen!

Der Patient stirbt an dem Tag, an dem seine Kinder zurück nach Chile geflogen sind. Als ich nach-mittags zu Besuch komme, ist er seit einer Stunde tot. Freunde aus der Schweiz sind da, und ein Pater kommt dazu. Er hat bereits alles vorbereitet, um unten in der Kapelle (Gemeinschaftsraum mit auf-klappbarem Altar) die Totenmesse zu zelebrieren. Den Wunsch von uns allen, vor allem von der Ehefrau, bei dem Toten im Zimmer diese Messe zu halten, ignoriert er.

Zurück im Zimmer versuchen die Freunde die Frau dazu zu bewegen, über Nacht mit zu ihnen nach Hause in die Schweiz zu kommen, sie aber möchte bei ihrem Mann bleiben. Nun erkläre ich ihnen, dass ich von der Hospizgruppe bin und dass die Erfahrung lehrt, wie wichtig es ist, den Angehörigen Zeit zu lassen, sich von dem Verstorbenen zu verabschieden. Sie akzeptieren das sofort, kommen aber zum Glück am nächsten Tag wieder, um weiter zu helfen.

Ein Ehepaar

Sie sind ein außerordentlich aktives Ehepaar, sehr gesundheits- und umweltbewusst.

Sie tragen Westen aus Wolle von eigenen Schafen, selbst gesponnen und verarbeitet. Obst und Gemüse stammen weitgehend aus dem Garten, sonstige Lebensmittel kaufen sie nur im Reformhaus. Sie leben in Marburg. Eine ihrer Töchter wohnt mit ihren sieben Kindern nach einer gescheiterten Ehe in Freiburg, eines dieser Kinder ist schwerbehindert. Der Sohn und eine weitere Tochter leben weit weg.

Die Freiburger Tochter, die in der Uniklinik tätig ist, bringt nun ihre Mutter, bei der Krebs diagnostiziert wurde, in die *Tubi*. Der Fall stellt sich rasch als hoffnungslos heraus, sie wird nach kurzem Aufenthalt vorübergehend in die Medianklinik verlegt zur Kurzzeitpflege, da in keinem Pflegeheim ein Platz frei ist.

Wir haben viele gute Gespräche, häufig ist ihre Tochter dabei.

Inzwischen wird der Mann der Patientin krank. Er kommt ebenfalls nach Freiburg und wird gleich zu seiner Frau in das recht große Zimmer gelegt. Er hat ohne seine Frau so schnell abgebaut, dass er nun ebenfalls ein Pflegefall ist, dennoch ist er immer noch ein großer stattlicher Mann. Er ist am Ende des Krieges aus Italien geflohen und auf abenteuerliche Weise im Winter zu Fuß über die Alpen gelangt: eine dieser unglaublichen Kriegsgeschichten.

Die Patientin spricht sehr leise, er ist schwerhörig und spricht sehr undeutlich. Oft versuche ich zu ´übersetzen´, was aber bald nicht mehr möglich ist, da auch ich beide immer weniger verstehen kann. Wieder einmal eine Situation, die zum Verzweifeln ist. Anfangs kann ich die Frau im Rollstuhl spazieren schieben, er läuft noch ganz rüstig neben uns her und will immer noch ein Stückchen weiter gehen.

Eines Tages geht er uns - am Ende seiner Kräfte - voraus, um abzukürzen, nimmt aber die falsche Richtung, ich versuche so schnell wie möglich mit dem Rollstuhl hinterherzukommen. Da ist auf dem Weg eine Querrinne, die ich nicht beachtet habe. Um ein Haar wäre mir der Rollstuhl mitsamt Patientin bei dem Tempo nach vorne gekippt. Ich lasse den Stuhl einfach stehen und hole erst mal den Mann zurück. Seither weiß ich, dass wir über Hospiz versichert sind!

Endlich wird ein Platz im Blindenheim frei. Dort werden inzwischen in Ermangelung von Blinden auch Pflegefälle aufgenommen. Nun leben die beiden in einem winzig kleinen Zimmerchen und können sich fast nicht mehr verständigen. Bei meinem letzten

Besuch vor ihrem Tod sieht die sterbende Frau auffallend besser aus, die Augen sind offen und ich kann sogar ein bisschen mit ihr sprechen. Ich sage, und glaube es in diesem Moment sogar selber; *„Vielleicht wird ja doch alles wieder gut"*. *„Oh ja, das wäre schön"* antwortet sie. Zwei Tage später stirbt sie.

Das Grab auf dem Hauptfriedhof liegt ganz in der Nähe des Grabes meiner Großeltern. Bei der Beerdigung zeige ich es dem Mann der Verstorbenen, er freut sich sehr darüber, nun ist seine Frau nicht so alleine...

Jetzt ist mir also der Witwer geblieben, es geht ihm sehr schnell immer schlechter, er ist so einsam. Anfangs gehen wir noch im Garten spazieren, bald ist das kaum mehr möglich. Kurze Sätze kann ich noch erahnen. Er hat keinen Appetit mehr, lässt sich jeden Abend das gleiche Käsebrot bringen, ich kann es schon fast nicht mehr riechen und er sicherlich auch nicht. Er magert grässlich ab und verwahrlost zunehmend.

Eines Tages komme ich, er sitzt auf seinem Stuhl, die Hose hängt halb runter, den Beutel (künstlicher Darmausgang) hält er in der Hand, es ist für beide peinlich, uns so zu begegnen. Ich gehe sofort einen Pfleger suchen, der den Verzweifelten versorgt. Ganz normaler Heimalltag. Lebensabend!

Ich verreise für acht Tage. Eine Vertretung von Hospiz möchte der Mann nicht bei sich haben. Er bemüht sich so sehr, mich wissen zu lassen, wie glücklich er über meine Besuche ist. Als ich ihm mitteile, dass ich über eine Woche nicht kommen werde, strahlt er mich mit seinen unglaublich blauen Augen an und sagt: *„Das macht nichts, wenn Sie nur wiederkommen, jede Minute, die Sie da sind, ist ein Geschenk für mich"*, das sagt er ganz deutlich.

Als ich wiederkomme, liegt ein fremder Mann in seinem Bett. Wie ich mich da fühle? Unsagbar traurig.

Monate später gehe ich an seinem völlig verwahrlosten Grab vorbei.

Feigheit

Eine Begleitung habe ich über sehr lange Zeit, es handelt sich um einen alten Herrn vom Kaiserstuhl. Erst in der *Tubi*, dann Pflegeheim, Loretto Krankenhaus, Pflegeheim, Loretto Krankenhaus, Pflegeheim. Ein Ende ist nicht abzusehen. Er ist sehr schwerhörig und wir können immer nur über das Gleiche reden. Immer wieder muss ich ihm versprechen, wieder zu kommen. Irgendwann wird es mir zu viel.

Ich nehme also all meine Achtsamkeit und meinen Mut zusammen und erkläre ihm, dass ich nicht mehr kommen werde. Er lächelt mich freundlich an, nickt mit dem Kopf und spricht von meinem nächsten Besuch. Da merke ich, dass ich so leise gesprochen habe, dass er gar nicht verstehen konnte, was ich mitteilen wollte. Es noch einmal laut zu wiederholen ist mir einfach nicht möglich. Wie schwer es ist, etwas Peinliches laut auszusprechen.

Nun komme ich immer seltener und bleibe eines Tages ganz weg.

Total verkabelt

Ein Anruf aus der *Tubi* nachmittags um fünf Uhr: *„Können Sie gleich kommen, um einen 43 jährigen Mann zu betreuen, dem es sehr schlecht geht und der große Angst hat!"* Ich kann. Ich finde einen zum Skelett abgemagerten Patienten vor, mit schönen dunklen Haaren, der an Unmengen von Apparaten angeschlossen ist. Er liegt mit geschlossenen Augen da, schaut manchmal kurz auf, um sich gleich wieder zurückzuziehen. Nach einiger Zeit richtet er sich auf und sitzt nun mit Urin- und Stuhlbeutel und mindestens zwölf Kabeln auf der Bettkante, den Kopf tief gebeugt, mit rundem Rücken. Ein Bild des Jammers. Wenn ich etwas sage, antwortet er einsilbig und unverständlich, oder gar nicht. So bleibe ich vier Stunden bei ihm sitzen. Mal liegt er, mal sitzt er, und ganz selten schaut er mich mit einem scheuen Blick an. Dennoch fühle ich dass es gut ist, da zu sein.

Er hat nichts dagegen, dass ich dabei bleibe, während er gepflegt wird. Manchmal stellt die Schwester eine Duftkerze auf, wenn der Stuhlbeutel gereinigt wird.

Als ich gehe und frage, ob ich am nächsten Tag wiederkommen soll, nickt er zu meiner Freude.

Er ist schon lange in der *Tubi*, erst auf Station Paracelsus, dann Reha, und nun ganz plötzlich auf Hufeland, der Intensivabteilung. Der Patient hat Blasenkrebs, ist austherapiert und keiner weiß, wie es weiter gehen soll.

Er kommt aus Hessen, dort hatte seine Frau sich einen Vortrag über die Tumorklinik angehört und auf Anfrage hier einen Platz für ihren Mann bekommen. Er ist Landwirt, hat einen Hof mit viel Land und 40 Milchkühen. Seine Lebenssituation ist sehr schwierig, der Hof hoch verschuldet, seine Mutter lebt mit in der Familie, sein einziger Sohn ist in der Pubertät und sehr kompliziert, mit dreizehn Jahren schon fast 1,90 Meter groß und übergewichtig. Er hat große Probleme mit der Krankheit seines Vaters. Seine Frau, die er sehr liebt, ist mit all den Aufgaben völlig überlastet.

Als ich am nächsten Tag wiederkomme, sitzt er gerade beim Essen, das er nach wie vor mit Freude zu sich nimmt. Meine Anwesenheit hindert ihn irgendwie daran, weiter zu essen. Die Schwester möchte abräumen, ich habe einen Riesenhunger und frage, ob ich ein Brot vom Tablett nehmen kann. Nun lässt sie alles stehen, und der Kranke freut sich offensichtlich darüber, dass es mir schmeckt, er selbst aber isst keinen Krümel mehr. Nun ist das Eis gebrochen, und wir können uns unterhalten. Da ich selbst in einem kleinen Dorf wohne, in dem Milchwirtschaft betrieben wird, haben wir genug Gesprächsstoff.

Der nächste Besuch sollte schon mein letzter sein. Inzwischen bin ich an die Kabel an Bauch und Rücken gewöhnt, auch an die Reinigung des Stuhlbeutels, die ewigen Spritzen und all diese Dinge, die man miterlebt, wenn man über längere Zeit bei einem Intensivpflegefall dabei sein darf, was selten der Fall ist. Der Mann sitzt immer noch völlig zusammengekrümmt da, aber immerhin weitgehend mit erhobenem Kopf, und wir schauen uns an.

Der Schmerztherapeut kommt und bleibt lange, am Ende gehe ich mit ihm auf den Flur, und er erzählt mir noch viele Einzelheiten. Er ist erfreut, dass der Kranke so viel mit mir spricht. Ich bin richtig beglückt, denn recht selten wird mein Dasein von einem Arzt wirklich beachtet, nicht nur mit einem kurzen *"Schön, dass Sie da sind"*. Er lädt mich ein, in vierzehn Tagen zu der Fallbesprechung dieses Patienten dazuzukommen.

Nun setze ich meine Besuche für einen Tag aus, da seine Frau kommt und ihm das sonst zu viel wäre. Als ich am folgenden Vormittag wieder da bin, ist das Zimmer leer. Es war überraschend ein Einzelzimmer in seiner Heimatklinik frei geworden, und so hat man ihn kurzerhand verlegt.

Ich bin mal wieder richtig traurig, so ohne Abschied, einfach weg, und merke jetzt erst, dass ich mich auf das Wiedersehen gefreut hatte.

Die Fallbesprechung findet trotzdem noch statt, nur über diesen einen Patienten, und dauert eine volle Stunde. Fünfzehn Ärzte, Pfleger und Therapeuten sind versammelt. Viele Themen werden angesprochen, u.a. welche Möglichkeiten offenstehen, wenn wie in diesem Fall der Kranke noch länger am Leben bleibt: zu Hause geht nicht, die Frau kann eine solche Pflege nicht leisten, für das Hospiz ist er im Moment zu gesund und in der Klinik, in der er derzeit untergebracht ist, kann er auch nicht lange bleiben. Außerdem immer wieder die Frage der Finanzierung, alleine für Morphium müssen täglich 100 bis 200 Euro ausgegeben werden.

Nun ich werde gebeten, etwas von meinen Eindrücken zu berichten und sage, dass ich relativ schnell einen guten Kontakt zu dem Patienten bekommen habe. *„Ja, wir können natürlich nicht so viel Zeit investieren wie Sie, außerdem haben auch die Medikamente gewirkt"* kommt als Reaktion. Und ich dachte, es sei meine Zuwendung gewesen, die dazu beigetragen hatte, dass es ihm etwas besser ging.

Unmittelbares Verstehen

Bis auf die Knochen abgemagert liegt sie da, jede Sehne ist zu erkennen. Sie hat Kinder und Enkel; ein Haus mit großem Garten, darin baut sie für sich und die Familie das Gemüse selber an. Sie ist voller Zuversicht, gesund zu werden. Obgleich das ausgeschlossen ist, lasse ich mich von ihrer Hoffnung anstecken - und es gibt ja wirklich Wunder.

Nach einem kurzen Gespräch über ihre Ehe wird mir klar, dass sie sich von ihrem Mann unverstanden und verlassen fühlt. Ein Nebensatz lässt mich erkennen, dass sie mit Engeln und Geistern lebt, wir haben ein interessantes Gespräch. Als ich gehen will, hebt sie ihre dürren Hände in die Luft, ich lege meine dagegen, unsere Hände tanzen. Es ist eine wunderbare Schwingung zu spüren. Sie wünscht, dass ich wiederkomme.

Sie ist dieses Mal nicht alleine, ihr Mann ist bei ihr. Ihre Augen schauen verlassen, verzweifelt, ich möchte sie am liebsten in den Arm nehmen. Nach einem kurzen Gruß gehe ich wieder, der böse Blick des Mannes macht ein Dableiben unmöglich; es ist schrecklich.

Am Tag danach stirbt sie.

Sehnsucht nach Ruhe

Er ist Arzt und Therapeut, schreibt über den Zusammenhang zwischen Krebs und Psyche. Kluge Augen schauen mich aus einem bärtigen Gesicht an. Seine Frau ist völlig erschöpft und geht nach Hause, um eine Ruhepause zu machen.

Die Krankheit ist plötzlich und unbegreiflich aufgetreten. Er hat hohes Fieber und spricht im Delirium, ist sehr unruhig und hektisch, sortiert imaginäre Unterlagen, 87 Mal geht seine Hand dabei hin und her, zähle ich unbewusst mit. Den Ständer, an dem die Infusionen hängen, tastet er ständig ab. Ein Freund kommt zu Besuch, er schickt ihn gleich wieder weg. Mich schaut er sehr kritisch an. Will ich etwas sagen, winkt er ab. Ich bleibe bei ihm, bis seine Schlafinfusion wirkt.

Beim zweiten Besuch ist das Fieber etwas niedriger, er ist noch immer außerordentlich erregt, möchte alleine sein, darf es aber nicht, da er über das Gitter hinweg aus dem Bett fallen könnte.

Er betastet meine Hand und wird sehr ärgerlich als ich verhindere, dass er damit fortfährt. Wiederholt fordert er mich auf zu gehen, ich darf ihn aber ja nicht alleine lassen. Die Situation ist ergreifend und erschütternd. *„Bitte gehen Sie jetzt.... Bitte gehen Sie* *jetzt."* Ich setzte mich so weit weg, wie es möglich ist. *„Bitte, bitte lassen Sie mich jetzt alleine."* Ich muss ihm diese Bitte erfüllen, verlasse das Zimmer und sage dem Pfleger Bescheid, es ist grässlich. Ich würde ihm das Alleinsein so gerne ermöglichen, aber was, wenn etwas passiert? (Später erfahren wir, dass diese Permanent-Wache gar nicht notwendig war). Wir gehen zusammen wieder in das Zimmer, der Patient schreit den Pfleger an *„Ich kann Sie nicht mehr ertragen!"* Der Pfleger macht dumme Sprüche und fragt *„Was möchtest du denn?"* *„Zu meiner Mutter!"* antwortet der Sterbende. Der Pfleger geht, die Tränen drücken mir die Kehle zu. Der Patient erlaubt mir zu bleiben, ich gehe auf grösstmöglichen Abstand. Nun kommt der Sohn und ich gehe verzweifelt nach Hause.

Dort habe ich ein langes intensives Telefongespräch mit seiner Frau. Beide sind wir trostlos.

Der zweite Sohn kommt aus Indonesien angereist, noch rechtzeitig vor seines Vaters Tod.

Die Todesnachricht (seine Frau ruft mich an) lässt mich weinen.

Mein Bruder

Im vergangenen Jahr (2007) starb mein ältester Bruder an Zungenkrebs.

Wir verbrachten während seiner letzten Wochen sehr viele Stunden miteinander. Es entstand eine bisher kaum dagewesene Vertrautheit zwischen uns, obwohl ihm das Sprechen immer mühsamer wurde.

Mein Bruder wünschte sich so sehr, vor Erschöpfung sterben zu dürfen und nicht an seiner geschwollenen Zunge ersticken zu müssen.

Sein Leben wurde immer qualvoller. Zweimal täglich kam ein Pflegedienst; häufig schaute auch der Arzt vorbei. Besucht werden wollte mein Bruder kaum noch, und wenn, nur ganz kurz. Er magerte rapide ab, wollte und konnte nicht mehr essen, kaum noch trinken. Welch ein Segen, dass es Schmerzmittel gibt!

Eines Tages, in Anwesenheit des Arztes, rief er verzweifelt: *„Ich will sterben!"* Wir besprachen gemeinsam seinen Wunsch, und der Arzt willigte ein, ihm die Freiheit zu lassen, ohne Tropf oder Sonde sterben zu dürfen. So reichten wir ihm nur noch Wasser.

Auch im Hospiz werden den Menschen möglichst alle Wünsche erfüllt!

In den letzten Tagen vor seinem Tod wollte mein Bruder nur noch mich bei sich haben. Vielleicht hat meine lange, intensive Tätigkeit in der Begleitung Sterbender mir die notwendige Sicherheit und Gelassenheit gegeben, die in dieser Zeit gut für ihn war.

Er starb in meinen Händen.

Geschenk

Nachdem ein mir sehr vertrauter Mensch diese Aufzeichnungen als Entwurf gelesen hatte, sagte er, dass nun für ihn der Gedanke an das Sterben seinen Schrecken verloren hat.

So reich werde ich beschenkt.

In Dankbarkeit,

Gundi Berger

Wenn ich dich bitte, mir zuzuhören...
Aus dem Hospiz „Sir Michael Sobell House", Oxford, England

Wenn ich dich bitte, mir zuzuhören
und du fängst an, mir Ratschläge zu erteilen,
hast du nicht getan, worum ich dich bat.

Wenn ich dich bitte, mir zuzuhören
und du fängst damit an, mir zu erklären,
warum ich nicht in dieser Stimmung sein sollte,
dann trittst du auf meinen Gefühlen rum.

Wenn ich dich bitte, mir zuzuhören
und du meinst, du müßtest etwas unternehmen,
um mein Problem zu lösen,
dann hast Du an mir vorbeigeredet,
so sonderbar das auch klingen mag.

Hör zu! Alles, worum ich dich bat, war,
daß du zuhören mögest,
nicht sprechen oder handeln, einfach zuhören.

Guter Rat ist billig. Für wenig Geld bekommst du ihn
in vielen frommen Blättern.
Die kann ich mir selber kaufen; ich bin nicht
hilflos; vielleicht entmutigt und schwankend,
aber nicht hilflos.

Wenn du für mich tust, was ich selber
für mich tun kann und soll, trägst du
zu meiner Angst und Schwäche bei.

Aber, wenn du es einfach als Tatsache hinnimmst,
daß ich mich nun einmal so fühle,
wie ich mich fühle,
gleichgültig, wie unvernünftig es scheinen mag,
dann brauche ich dich nicht mehr zu überzeugen
und kann versuchen zu verstehen, was hinter
diesen unvernünftigen Gefühlen steckt.
Und wenn dies deutlich wird, liegen die
Antworten auf der Hand und
ich brauche keinen Rat.

Unvernünftige Gefühle lassen einen Sinn erkennen,
wenn wir ihren Hintergrund verstehen.

Vielleicht helfen Gebete deshalb ab und zu
manchen Menschen, weil Gott stumm ist
und keine Ratschläge erteilt,
oder versucht, Dinge in Ordnung zu bringen.
Er hört nur zu
und lässt dich selbst die Lösung finden.

So, bitte, höre zu und höre mich ganz einfach an.
Und, wenn du sprechen möchtest,
warte eine Minute, bis die Reihe an dir ist;
und dann will ich dir zuhören.

Gundi Berger, Jahrgang 1938, wuchs in Freiburg auf. 1955 Ausbildung zur Kindergärtnerin.

1961 wandert sie nach Venezuela aus, lebt dort 18 Jahre mit ihrem Mann und ihren drei Kindern, baut einen deutschsprachigen Kindergarten auf und ist aktiv in der evangelischen Gemeinde tätig.

1979 Rückkehr nach Deutschland, Leverkusen. Engagement bei Behinderten, Senioren und in der Kirche.

Seit 1994 Hospizbegleiterin in Freiburg.

Grossmutter von acht Enkeln.